MIX
Papier aus verantwortungsvollen Quellen
Paper from responsible sources
FSC® C105338

Sabine Parsunka

Unterwegs im Chaos

Lyrik

Mauer Verlag
Wilfried Kriese
72108 Rottenburg a/N
Buchgestaltung: Wilfried Kriese
Titelbild: Privat
2012
ISBN 978-3-86812-259-6

www.mauerverlag.de

Widmung

Dieses Buch widme ich meinen Freunden S.K. und P.K.,
mit denen mich Vieles verbindet.
Zu diesen Gemeinsamkeiten gehört auch die Freude an Literatur,
besonders an Lyrik.

Sabine Parsunka -

Inhalt

Leben

Seufzer

Mein Herz ist voll von Leben.
Mein Herz ist voll von Welt.
Ach, würd ich tausend ´Jahre leben,
ich würde alles tun, was mir gefällt.

Alle Dinge möchte ich verstehen
und sie spüren in mir drin.
Immer neue Wunder sehen.
Fühlen, dass ich endlos bin.

Nicht alles nur aus Büchern kennen.
Nicht nur hör'n, was and're Leute sagen.
Das Faszinierende auch selbst erkennen,
und selbst nach all den alten Rätseln fragen.

Und Alles, Alles schließen in Herz und Verstand.
Den ganzen Reichtum hautnah spüren,
vor Wonne fast „krank".
Mich in die Ewigkeit verlieren.

Mein Herz ist voll von Leben.
Mein Herz ist voll von Welt.
Ach, würd ich tausend Jahre leben,
ich selber wär das Leben, ich selber wär die Welt.

Lebensstil

Da stehen die Gläser,
glänzend geputzt.
Für zahlreiche Gäste,
doch fast nie benutzt.

Die Menge der Sofas,
die Tischchen, die Dekos:
Das gibt ihnen endlos
im Haushalt zu tun.
In allen diesen Tagen,
den Wochen, Monaten:
Wie viel der geplanten
Einladungen ruh‘n?

Da sind die Salons –
schlossähnlich groß.
Dass Partys dort steigen:
Das träumst du bloß.

Ohne Fahnen

In Finsternissen unterwegs,
die sich verschleiern.
Da trifft man Sänger,
diese haben Lieder
ihrer Brotherr'n auf den Lippen.
Heldenlieder an den Königshöfen.

In Dschungeln ausgesetzt,
die undurchsichtig und verworren sind.
Verletzlich –
nur aus Fleisch und Blut,
und ohne Kettenhemd.
Pfeile voller Gifte,
viele tödlich,
aus hundert Hinterhalten abgeschossen.
Da leben viele Affenarten.
Manche halten ihre Hände über ihre Augen,
and're über ihre Ohren,
wieder and'‘re über ihre Mäuler.

In Kriege reingeworfen.
Schon dran gewöhnt.
Abgehärtet, abgestumpft.
Noch immer fassungslos.
Nur Flüchten und Umgeh'n der Fronten.
Dem Glück vertrauen.
Ohne Fahnen.

Auch ich bin Sänger.
Auch ich bin Affe.
Bin fahnenflüchtig.

Sprache

Sprachlos

Billig.
Was ist das?
Buchstabier mal.

Die Leute sprechen vom Flieger.
Auf meinem Küchentisch
neben dem Brot
liegt ein Schneider.

Sie grüßen mich nicht.
Sie rufen mich.
Ich stehe doch neben ihnen.

Verlernte Worte

Haai! Was ich vorhab?
Ich fahr mit der Tramm in die ßitti.
Zum Schoppingßänta.
Will was für mein Autfitt tun.
Will Dessuus und Topps und Assessoars kaufen.
Danach zum Häärßteilist.
Hab nämlich morgen ein Däiit mit meinem Lawwa.
Muss auch noch Tickitts für ein Iwänt holen.
ßorri, ich muss weiter.
ßijuläiita.

Sprachreste

Das Mädchen jugendlich
sprach
nein sprach nicht spie
die Worte aus wie Abfall
den man schnell schnell weg
nur weg

Die Silben so störend
so überaus störend
ganz widerwärtig iih
mit Abscheu in den Mund genommen
und also Auswahl treffend
sehr einfach wie
halb verwendet halb verworfen

Die Buchstaben so eklig
so überaus eklig iih
und also widerwillig angefasst
und viele weg
nur weg nur weg
und viele halb benutzt und halb verschluckt
nicht dran erstickt
noch nicht
am Nicht – gehört – Sein
in Bruchstücken verstanden

Die Worte zerrissen zerfetzt
halb gesprochen halb entsorgt
zum Unhörbaren zum Müll
Sprache als Müll nur iih

Die Sprache so quälend
so wahnsinnig quälend
ein unzumutbarer Zustand
und also Worte fortgeschleudert
nur fort nur fort
mit einer Schnelligkeit
die wie
ja wie
hochexplosives Material
im Munde
zerberstend in plötzliche Helle
beleuchtend das Wesen der Sprecherin
zertrümmernd den Schein
den Unsinn hervorsprengend
den bodenlosen

Am Schluss der Rede
plötzlich deutlich dies
Ich hasse meinen Bruder
Er kotzt mich an
Arschloch

Natur

Nasse Tage

Die Nässe lastet schwer.
Wind bewegt die Apfelblätter.
Die Krähe geht im weißen Klee umher.
Es ist ein wolken- und gewitterreiches Wetter.

Im Kirschbaum sind die Früchte dunkelrot.
Das Gras darf sich schon wieder zeigen.
Der nächste Regenschauer droht.
Am Gitter sich die Rosen neigen.

Vögel schwirren durch der Bäume Grün.
Der Regen wirft ans Fenster einen dünnen Store.
Am Zaun ein gelbes und ein lila Blühen.
Abends tritt Sonne aus Wolken hervor.

Windliebe

Wie die Bäume dort am Waldrand
sich vom Winde kosen lassen!
Einige recht ungestüm,
and're sanft, in Maßen.

Wie die grauen Abendwolken
sich vom Wind verführen lassen!
Sie folgen ihm hingebungsvoll,
aber ohne Eile, ganz gelassen.

Blütenschnee

Schnee im Mai:
Blütenflocken.
Apfelküsse
für die Wiese –
weiß auf grün.

Wasser

Wasser, du großes, unfassbares Wesen!
Wer könnte sich mit deiner Stärke messen?
Wer könnte deinen Reichtum übertreffen?
An allen Orten bist du gewaltig:
Da, wo du wohnst, und da, wo du nicht wohnst.
Niemand nimmt so viele Gestalten an wie du.
Wer sonst hat die Macht,
mich gleichermaßen zu entzücken und zu schrecken?
Wie sollte ich über dich schreiben können?
Wären nicht alle meine Worte zu gering?

Juliabend

Die Felder waren gelb und golden,
und die Phacelia blühte.
Auf den Dächern war ein Rot,
das warm im Sonnenlichte glühte.

Die Bäume waren blätterschwer.
Im Raps stand noch vereinzelt Mohn.
Ein Reh trat an den Waldesrand.
Auf Bergen lag der Abend schon.

Der Himmel sah so zärtlich aus,
mit Wolken, ganz sanft hingehaucht.
Das Rufen eines Greifen klang.
Der Wald war in gelbgrünes Licht getaucht.

Im Winde tanzten helle Gräser.
Margariten machten sich auf Feldern breit,
und über Wiesen schlich die wilde Katze –
vielleicht als Boten einer bess'ren Zeit.

Mittagsruhe

Waldränder liegen
im Lichte des Mittags.

Ehrenpreis:
durchsichtig aufgehellt.

Tänzelnder Wind
auf der Haut, in den Haaren.

Schatten der Buche:
Behutsamkeit.

Mein Bett

Mein Bett ist im Walde.
Das Moos lockt, samt- weich.
Die Bäume flüstern.
Sterne betreten ihr nächtliches Reich.

Mein Bett ist am Ufer.
Erfrischender Sand.
Die Wellen funkeln.
Sonne taucht unter am Himmelsrand.

Mein Bett ist am Felsen.
Orangefarb'ne Erde.
Das Feuer verglimmt.
Mondlicht versilbert die ruhenden Pferde.

Springkraut

Es dämmert neben den Wegen,
das Licht zwischen Stämmen verglüht.
Die Wolken sprechen vom Regen.
Das rosa Springkraut blüht.

Der Boden ist regennass aufgeweicht.
Ein herbstliches Gelb schmückt das Grün.
So weit das Auge den Weg lang reicht,
die rosa Springkräuter blüh'n.

Eine herbstfrische Luft zwischen Bäumen.
Trauer sitzt mir im Gemüt.
Wo sonst alle Pflanzen die Kreuzungen säumen,
nun fast nur noch Springkraut blüht.

Ein Traum aus vergangenen Tagen:
Wie hat hier das Leben gesprüht!
Geben wir uns schon geschlagen?
Das rosa Springkraut blüht!!!

Abschied

Ein letzter Blick auf Felsenküste,
Gestein, bizarr geformt.
Abschiedsgeschenke: rote Libellen
und Sonnenglitzern im Wasser.

Ein letzter Blick auf Meeresfenchel
und lachsfarb´ne Sandsteinfelsen.
Abschiedsentdeckungen: Palmblattfäden,
im leichten Winde mir winkend;
wehrhafte Blattstiele, drachengezähnt,
die dennoch sich streicheln lassen;
auf dem Blatt des Bananenbaumes
die samtige grün-gelbe Schrecke.

Noch einmal den Kaffee genossen
bei leisem Gespräch der Wellen.
Ein wenig Trost schenkt das Lachen
der rosa Mittagsblume.

Wald
(Trilogie)

A) Verwurzelt

Am Hang, der sich hinabwölbt,
ein Pfad, kaum zu erahnen.
Dem Wilde nur bekannt.

Zusammen mit den Bäumen,
wie sie ganz fest verwurzelt,
steh schweigend ich und schaue.

Es gleißt die Wiese hellgrün,
die auf der and´ren Seite
des tiefen Bachgrunds liegt.

Weit oben bei den Wipfeln
bahnt sommerstarkes Licht sich
den Weg ins Waldgewölbe.

Am Boden ist es milde,
erschafft mit Hell und Dunkel
unglaubliche Gemälde.

B) Zu meinen Füßen

Zu meinen Füßen goldenes Laub,
dazwischen junges Grün.
Und morsche Äste sind verstreut,
im fahlen Lichte leuchtend.

Es sind die Steine reich gekleidet
in dichtes, weiches Moos.
Und alte Stümpfe bieten Raum
dem Leben weißer Pilze.

Zu meinen Füßen laufend Spinnen,
das Unwegsame meisternd.
Und reife Buchenfrüchte schmücken
das Gold mit braunen Sternen.

C) Auge in Auge

Von allen Seiten
schauen mich die Bäume an
mit ihren vielen Augen.
Und wissen: Ich gehör dazu.

Ich lasse meine Augen tanzen
in den Bewegungen der Zweige,
ich führ sie auf die Weide
der Rindenmuster.
Dort können Eingeweihte lesen.

Die lesen auch im rätselhaften Knistern,
im Windhauch
und im Wechselspiel der Farben.

Umfangensein von Allem,
was in meinen Sinnen singt und jubelt.
Geborgenheit in meinem Reich.

Hochmoor

(Neues Volkslied. Inspiriert durch „Wir sind durch Deutschland gefahren“)

Wir sind durch Schottland gegangen,
vom Meer bis zum Hochmoor droben.
Unsere Augen blieben dort hangen,
wo leuchtende Farben verwoben.

Ein helles Grün, unvergleichlich,
schenkt unserem Herzen Entzücken,
verstreut seine Pracht so reichlich,
um Felsen und Hänge zu schmücken.

Dazwischen die tiefschwarze Erde,
dem Grün auf ewig vermählt,
birgt manche geheimnisvolle Fährte,
von Kraft und vom Ursprung erzählt.

Wir sahen die Flüsse entstehen
aus Steinen, Erde und Moos.
Durch Lachen und Bäche wir gehen,
ganz nah an der Erde Schoß.

Das moorbraune Wasser, das reine,
klar bis zum untersten Grund,
zeigt stolz seine glänzenden Steine,
in allen Farben, so bunt.

Und Blumen blühen allerwegen,
sie ziehen uns in ihren Bann.
Ihre Schönheit lacht uns entgegen,
nimmt vielfältige Formen an.

Da schwirrten neben uns Flügel,
das Moorschneehuhn konnt´es nur sein.
Schnell flog es fort über Hügel,
ließ uns in Dankbarkeit allein.

Aus grünüberwucherten Schluchten
klingt dröhnend der Flüsse Lied.
Weithin über Gipfel und Buchten
der Aar seiner Wege zieht.

Und heult uns der Sturm um die Ohren,
und nimmt uns der Nebel die Sicht,
so sind wir noch lang´ nicht verloren,
den Weg verfehlen wir nicht.

Zwischen Bergen verstreute Seen
liegen einsam im Silberglanz.
Die Windharfe spielt hier den Feen
zu wildem nächtlichen Tanz.

Liebe, Erotik

Glück

Deine Hand auf meiner Haut:
mich vergessen, schweben, fliegen.
Süßen Schauern unterliegen
möcht ich, bis der Morgen graut.

Deine Art, mich zu berühren:
voll des Zaubers. Irdisch? Nein.
Deine Zärtlichkeiten spüren,
das ist: in Elysium sein.

Du! Das Kosen deiner Lippen,
deiner Zunge, deiner Hände
möcht ich spüren ohne Ende.

Nachtfarben

Ich bin die Krähe.
Schwarz glänzt mein Gefieder,
rot getüpfelt ist's zur Zierde.
In meiner Nähe
verliert man sich
und findet sich
in meinen Schwingen wieder,
so seidig-weich.
Es wächst Begierde
nach diesem Seidig-Weich-Umfangensein.

Ich bin die Pfingstrose.
Dies Rot, das Glut und Geheimnis die offenbart,
mit reiner Weiblichkeit gepaart,
gibt's nur bei mir.
Ich blüh am Abhang,
wo das Wagnis haust,
wo nähere Blicke schon riskant.
Überleg, wie weit du dich da traust!
Von diesem Rot bleibst du gebannt.

Ich bin der grüne Leopard.
Ich ruhe verborgen auf hohen Bäumen.
An meinem warmen schöngefleckten Fell
kann man, eng angeschmiegt,
die Zeit versäumen.
Ich bin der grüne Leopard.
Scharf sind meine Krallen
und auch ganz zart;
sie ziehen Spuren,
die in unsagbare Tiefen gehen.

Ich bin der Lavendel.
Mein Violett ist träumerisch.
Mein Duft macht trunken,
du kannst dich ihm nicht entziehen.
Er hüllt dich ein,
du bist durchströmt
und bist bald hingesunken.

Liebe / hoffnungslos

Meine Farben werden grau.
Die Sonne zieht ihre Strahlen zurück.
Stechende Eiskristalle fallen.
Alle Blutstropfen rinnen aus meinem Herzen.
Ich löse mich auf.

Einladung

Ich habe meine Höhle aufgeschlossen.
Die Wasser fließen.
Tritt ein.

Gwendolin

(altes Volkslied)

Oh, Gwendolin,
oh, Gwendolin,
dein Name wie die Sonne schien.
Die Sonne, die zum Meere kam,
den Felsen dort das Schwarz wegnahm.
Die helle, helle Sonne!

Oh, Gwendolin,
oh, Gwendolin,
deine Augen waren grün.
Wie Frühling, der das Schwert gezückt
und alle Hügel grün geschmückt.
Der grüne, grüne Frühling!

Oh, Gwendolin,
oh, Gwendolin,
du flogst so wie der Wind dahin.
Der Wind, der graue Wolken ostwärts treibt,
bis sich der blaue Himmel zeigt.
Der wilde, wilde Wind!

Oh, Gwendolin,
oh, Gwendolin,
dein Haar war wie ein Funkensprüh'n,
ein warmes Licht zu Haus am Feuer,
wenn draußen ist es nicht geheuer.
Ein warmes, warmes Funkensprüh'n!

Oh, Gwendolin,
oh, Gwendolin,
dein Lachen wie ein Lied mir schien.
Ein Harfenlied aus alter Zeit
von Lust und Lieb‘ und Heiterkeit.
Ein süßes, süßes Lied!

Oh, Gwendolin,
oh, Gwendolin,
du schaust so oft zum Meere hin.
Das Meer hat deinen Blick gebannt,
als säh’st du dort ein fremdes Land.
Das große, große Meer!

Oh, Gwendolin,
oh, Gwendolin,
dein Haar gleicht Wellen,
wenn sie abends glüh’n.
Dein weißes Kleid ist bleich wie Gischt,
wenn Sonne schon im Meer verlischt.
Dein Lachen klingt wie Möwenruf –
Stimme, die Manannan schuf.
Dein´ Augen sind wie grüner Tang.
Mir wird so bang!
Mir wird so bang!

Gesellschaft, Zivilisation

Das Lied des Großen Dideldei

Ich bin der große Dideldei.
Komm her zu mir, komm schnell herbei.
Ist alles billig, super – billig,
so kauf, kauf, kauf.
Ist alles gratis, ja doch: gratis,
so lauf, lauf, lauf.

Feiere hier und feiere da
und feiere rundherum.
Und lache immer: ha, ha, ha.
Und feiere dich ganz dumm.

Eröffnung hier, Einweihung da –
schreie lautstark: ja, ja, ja.
Hast du schon dies?
Hast du schon das?
Hast du dies, dann macht das Spaß.
Hast du das, dann ist das was.
Hast du dies, dann bist du was.
Hast du das, macht´s noch mehr Spaß.

Heute Event und morgen Event.
und immer, immer, immer Event.
Mache mit
und staune mit
und klatsche mit.
Und halte immer mit mir Schritt,
mit mir, dem Dideldei.
Was dir das bringt, ist einerlei.

Aktionen gibt es überall.
Da musst du hin, ganz klarer Fall,
und musst dich präsentieren.
Werde berühmt, werde ein „Star“.
Das ist so leicht.
Das geht so schnell.
Dein Traum wird wahr.
Du musst nur lachen: ha, ha, ha.
Du musst nur rufen: ja, ja, ja.
Lass dich hören,
lass dich sehen.
Alles soll sich um dich drehen.
Ich bin du und du bist ich.
Alles dreht sich dann um mich,
um mich, den Großen Dideldei.

Und Chancen. Chancen haufenweise.
Und überall Gewinne:
Auto, Haus und große Reise.
Wenn nicht, zum Trost dann dies und das.
Na, ist das nichts?
Das ist doch was!
Denn hast du dies, dann ist das was.
Und hast du das, dann bist du was.
Und was, das ist egal.
Hauptsache ist, du bist dabei
und lobst den Großen Dideldei.

Erlebnis hier, Erlebnis da.
Das ist doch so schön tralala.
Alles, alles ist Erlebnis.
Freue dich
und fühle dich
so super – mega – giga – lich.
Versäume nichts, lauf hinterher.
Mach mit, nach mit, dann bist du wer.
Dann wirst du wer.
Und wer, das ist egal.

Jedes Schnäppchen ist Erlebnis.
Jede Party ist Erlebnis.
Kaufe mit
und spiele mit.
Feiere mit,
gewinne mit.
Jede Aktion ist ha, ha, ha.
Nun fühle dich doch tralala.
Und glaub an mich
und lobe mich,
denn so bin ich:
Bin bunt und schnell.
Bin laut und grell.
Bin groß, sieh her.
Bin neu und mehr.
Bin neu, bin mehr
und immer mehr.
Na, ist das nichts?
Das ist doch was.
Ja, das ist Spaß.
Ja, das ist Spaß.

Außer mir ist gar nichts wichtig.
Was da noch ist, das ist ganz nichtig.
Da sieh nicht hin.
Da hör nicht hin.
Da denk nicht nach.
Da frag nicht nach.
Schau nur auf mich, den Dideldei,
ich bin für dich da.
Komm zu mir und sei dabei,
und torkle mit,
und gröle mit,
und sing laut tralala.
Ich mach dich stark.
Ich mach dich reich.
Ich mache dich berühmt.
Das alles schenk ich dir.

Ich ford´re nur:
Sei blind.
Sei stumm.
Sei taub.
Sei dumm.
Sei hohl.
Dann nehm ich in dir Platz,
und wachse da und mach mich breit,
und herrsche da für alle Zeit.
Ich bin der Große Dideldei.

Heute und Morgen

Heute kannst du Trinkgeld geben.
Brauchst nicht knauserig zu sein.
Morgen drehst du jede Münze um,
brauchst sie selbst zum Leben.

Heute kannst du hin und wieder spenden.
Überall ist großes Elend.
Dir selber geht es gut.
Morgen stehst du da mit leeren Händen.

Heute bist du ganz fest überzeugt,
dass dieses „Glück- gehabt" wird ewig währen.
Morgen hat dich Not gebeugt,
und du wirst von Geldern anderer Menschen zehren.

Familie

Eine Mutter und ein Vater und drei Kinder.
Eine Mutter und ein Vater und zwei Kinder.
Eine Mutter und ein Vater und ein Kind.
Eine Mutter und ein Kind. Ein Vater und ein Kind.
Eine Frau und ein Mann.
Eine Frau. Ein Mann.

Ein Kind bei Mutter und Vater und zwei Geschwistern.
Ein Kind bei Mutter und Vater und einem Geschwisterkind.
Ein Kind bei Mutter und Vater.
Ein Kind bei Mutter. Ein Kind bei Vater.
Ein Kind irgendwo.

Drachen und Helden

Verloren bist du, Mensch,
in einer heldenlosen Zeit.
Die Drachen gibt es immer noch,
doch keine Helden.

Haben zwei Drachen
dich gefangen,
können zehn Männer
nicht zu dir gelangen.

Bist du zwischen Drachen
schwach und klein,
kann kein Trupp von zwanzig Männern
dich befrei'n.

In einer heldenlosen Zeit
ist Jeder ganz für sich allein.
Verloren bist du, Mensch –
verloren unter Menschen.

Zeitläufe

Du glaubtest dich sicher,
die Zukunft schien lang.
Alles nahm seinen
gewohnten Gang.

Als Zeichen sich mehrten,
da horchtest du auf.
Schnell nahmen die Dinge
ein' anderen Lauf.

Bald stehst du vor Scherben,
kannst nichts mehr halten.
Zu tief sind die Risse
im menschlichen Walten.

Wer lebt dann mit dir?
Die Deinigen sind fort.
Sie wollten den Frieden
an ruhigem Ort.

Du schlägst dich allein
durch's Weltenbeben.
Sind alle beschäftigt
mit Überleben.

Am Anfang

Uralt ist Wissen.
Uralt ist Können.
Nahrhaftes kennen und essen.
Kochen.
Kinder erziehen.
Freund und Feind unterscheiden.

Während eines Tages

Heute Morgen
schrieb ich ein Gedicht
über den Bürgerkrieg.

Heute Mittag
erzählte mir ein Taxifahrer,
es gab in letzter Zeit Bandenkriege.

Heute Abend
erfuhr ich von einem Einwohner,
dabei ist Jemand umgekommen.

Heute Nacht
scheinen die Sterne
wie immer.

Und morgen ….

Der große Platz

Was soll ich den Nachgeborenen sagen?
Dass auf diesem Platze Menschen gehen
und auch sitzen,
sogar lachen?
Dass wir zwar in „Tropen" - Sonne schwitzen,
nachts mit Unbehagen uns umsehen?
Dass wir dennoch viele Gründe haben,
uns zu freuen und auch Spaß zu machen?

Geschäfte gab es hier und Menschen.
Im Sommer aß man Eis.
Die Spatzen holten sich die Kuchenkrumen,
und in Kästen wuchsen Blumen.

Was soll ich den Nachgeborenen sagen?
Dass, gemessen an dem wenigen Grün,
hier viel zuviele Häuser in die Höhe ragen?
Dass das Wetter mal zu kalt
und mal zu warm ist,
mal zu nass
und mal zu trocknen?
Doch auch das:
Hier stehen Bäume,
und es fahren Straßenbahnen,
und die kleinen Kinder können Tauben locken.

Bänke gab es und Cafés.
In den Häusern floss das Wasser reichlich,
und in Läden konnt‘ man Lebensmittel kaufen.
Sah man hoch, so sah man Himmel,
Sonne oder Wolken waren dort,
und man konnte einfach so
durch die Straßen laufen.

Wachstumsgötter

Wachstumsgötter hatt‘ ich immer schon.
Sie war’n die größten aller Götter.
Sie hießen „Fruchtbarkeit“ und „Frühling“,
denn Alles sollte wachsen.

Wachstumsgötter brauchte ich,
liebte sie über alles.
Kein Opfer war zu groß,
denn Alles sollte wachsen.

Es wuchsen Land
und auch die Herden.
Es wuchsen Frucht
und auch die Menschen.

Meine Götter waren stark
und sie erhörten mich.
Mein Gebet hieß „mehr und mehr“,
denn die Anzahl war mir heilig.

Es wuchsen Dinge
und die Macht.
Es wuchsen Reichtum
und der Krieg.

Die Götter herrschten unumschränkt.
Ihr Antlitz war längst blutig.
Doch ich entmachtete sie nicht,
liebte sie nach wie vor.

Wachstumsgötter brauch‘ ich immer noch.
Sie werden ewig herrschen.
Kein Opfer ist zu groß,
denn Alles soll noch wachsen.

Tatütata

Tatütata! Die Köpfe fliegen ´rum.
Nichts ist zu sehen, das ist doch dumm!
Keine Wracks und keine Toten –
da wird im Fernsehen mehr geboten.

Im Fernsehen gibt´s Verfolgungsjagden, Schießen.
Überall sieht Blut man fließen.
Menschen, die an Trauer zerbrechen.
Augen, aus denen Todesängste sprechen.
Brücken fallen in sich zusammen.
Gebäude werden Fraß von Flammen.
Berge gibt es, die Verderben speien,
Menschen, die in Panik schreien.
Landstriche, die von Wasser begraben.
Wunden, die Kriege geschlagen haben.
Wie schön, das Leid der Anderen zu sehen –
Einem selber wird schon nichts geschehen!

Ist der Fernseher dann aus,
wirkt das Wohnzimmer zu friedlich:
So hole man die Krimis raus –
da wird es wieder sehr gemütlich.
Ohne Leichen geht es nicht,
Betrug und Diebstahl machen keinen Spaß.
Doch labt man sich am Grauen eines Mordes,
dann hat das was!

Tatütata! Die Köpfe fliegen ´rum.
Nichts ist zu sehen, das ist doch dumm!
Keine Wracks und keine Toten –
man kann ja mal ins Kino gehen
oder auch ein Video sehen.
Da wird dann sicher mehr geboten.

Sag mir!

Welcher Stadtteil kennt noch keinen Vandalismus?
Welch grüne Wegbegrenzung ist kein Sammelplatz für Dreck?
Wer ist nicht angesteckt vom Egoismus?
Wieviel Menschen schweigen und sehen weg?

Welches Kind geht ohne Angst im seine Klasse?
Welch alter Mensch eilt nicht im Hellen noch nach Haus?
Wer wurd noch nie beleidigt wegen seiner Rasse?
Wer nutzte nie die Schwäche and´rer Menschen aus?

Welche Bank war nicht schon Fußabtreter?
Welch Teil des Gehwegs ist von Speichelflecken frei?
Wer von diesen Menschen ist ein Täter?
Wer von den Bekannten wird bald Mobbing- Opfer sein?

Wann findet man den nächsten Toten?
Wie oft wird Reichtum nur durch Gutes angeschafft?
Welche Firma hat noch keine Sklavenarbeit angeboten?
Welcher Tag bringt keine Nachricht
von überflüssiger Arbeitskraft?

Aktuelle Werte

Der Mensch –
als Mensch, was ist er wert?
Als Kunde ist er hochbegehrt.
Kauft er Viel und teure Sachen,
so haben Firmenchefs gut lachen.
Hat er ein schönes Konto bei der Bank,
so wird gelächelt, man sagt Dank.

Der Mensch –
als Mensch, was ist er wert?
Ist er als Arbeitskraft begehrt?
Das kommt drauf an.
Wenn er die Familie gern vergisst,
nur noch für den Betrieb da ist,
so ist er wirklich gern geseh´n.
Und gibt´s Entlassungen, dann braucht **er** nicht zu gehen.

Der Mensch –
als Mensch, was ist er wert?
Ist er als Arbeitssuchender begehrt?
Meist nicht.
Da ist er einer von den Vielzuvielen,
die and´ren Leuten auf die Taschen fielen,
und oft sogar nach großem Luxus schielen.
Einer, an den zu denken, man nicht liebt,
und dessen Würde man beiseite schiebt.

Der Mensch –
als Mensch, was ist er wert?
Ist er als Sklave denn begehrt?
Es scheint fast so.
Wenn er sich für ein´ Euro dankend bückt
und zum Getreten-Werden freudig nickt,
wenn er zu Allem Ja und Amen sagt,
dann ist er meistens sehr gefragt.

Schlaflied

(Inspiriert durch und in Anlehnung an „Schlaf, Kindchen, schlaf“)

Wein´, Kindchen, wein´!
Du bist sehr oft allein.
Dein Vater ist im Ausland,
weil er im Land nicht Arbeit fand.
Wein´, Kindchen, wein´!

Wein´, Kindchen, wein´!
Du bist sehr oft allein.
Mutter verkauft auch noch um acht,
weil später Einkauf Freude macht.
Wein´, Kindchen, wein´!

Mein liebes Kindchen, fürchte dich!
Die Abende sind schauerlich.
Schwarze Schatten droh´n vor´m Fenster.
Im Hausflur schlurfen die Gespenster.
Mein liebes Kindchen, fürchte dich!

Schrei, Kindchen, schrei!
Das Monster kommt heut nacht bei dir vorbei.
Du hast es oft im Film gesehen,
musst nun im Traum den blutigen Kampf bestehen.
Schrei, Kindchen, schrei!

Wach auf, mein Kind, wach auf!
Viel Ungeheuer rotten sich zuhauf.
Sie tummeln sich in deinem Land
und nehmen langsam überhand.
Wach auf, mein Kind, wach auf!

Kassandra

Hättet ihr vor Jahren mich gefragt,
hätt ich´s euch vor Jahren schon gesagt.
Die, denen ich´s damals schon gesagt,
haben mir nicht zu glauben gewagt.

Ich las in den Formen, den Worten, den Farben.
Ich las in den Augen, den Tönen.
Ich las in den Rhythmen, den Minen, den Gesten.
Alles war Spur. Und alles sprach.

Nun ist es soweit.

Was ich ab jetzt zu sagen habe,
weist ihr voll Angst zurück.
Wollt nicht glauben an meine Gabe,
fürchtet um euer Glück.

Ich lese auch im Unsichtbaren,
ich lese auch im Unhörbaren.
Ich les in dem, was Dinge und Ereignisse umweht,
und in Fäden, die unsichtbar fortgesponnen.
Ich höre, was unbemerkt zwischen Menschen geht.
Ich sehe, was weggenommen und was mit hinübergenommen.
Ich hör, was geht, was kommt, was übrig bleibt.
Ich blicke weit
in undenkbare Zeit.

Ihr sagt, das gab es damals nur, das ist vorbei.
So bleibt bei eurer Träumerei.
Ihr sagt, das gibt es nur woanders, bei uns nicht.
Ihr seid geblendet von rosarotem Licht.
Ihr sagt, das kann nur im Kriege, nie im Frieden sein.
So sagt mir: Was ist Krieg und was ist Frieden?
Was war der Mensch? Was ist der Mensch?
So wird er immer sein.

Und wagt ihr es weiterhin, mich zu fragen,
so werd ich´s euch immer wieder sagen.

Dies und Das

Königin

Sie wäre gerne Königin,
nach Höherem steht ihr der Sinn.
Doch leider kräht kein Hahn nach ihr.
Drum dient ´ne riesenhafte Krone jetzt als Gürtelzier.

Ach, sie ist nur im Geiste Königin.
Drum trägt sie Kronen glitzerig gestickt und bunt gedruckt.
Es ist für sie ein großer Lustgewinn,
wenn jeder Mensch auf diese Stoffe guckt.

Langweilig ist's, nicht Königin zu sein.
Doch herrlich sind die Fotos und Geschichten,
die von den Hochgeborenen berichten.
Die Ärmste steckt ihr ganzes Herz dort rein
und stellt sich vor, am Hofe mit dabei zu sein.

Frauen, werft die Kronen hin!
Euer Leben ist das Königreich.
Ihr selbst seid Königin.

Hell und Dunkel

Helligkeit.
In sonnenfarb'nen Haaren Glanz.
Die Stimmen jung und unbeschwert.
Zukunftsoffene Gesichter,
die im Lachen baden.
Energie fließt aus den Blicken.
Kraft, von Gesten in die Luft geworfen.

Dunkelheit
in den gefüllten Gläsern.
Protzig beherrschen sie den Tisch
und drohend:
Cola –
schwer,
fast schwarz
und undurchsichtig.

Ohnmacht

Die kommenden Stunden
sind schon zerbrochen.
Was liest du davon auf?
Deine Arme verkürzen sich
zusehends.

Freundesbesuche

Besucht doch eure Freunde, wenn die tot sind!
Bis dahin ist ja noch viel Zeit.
Ihr könnt inzwischen alles Wichtige erledigen,
seid dann von allem Pflichtenkram befreit.

Besucht doch eure Freunde, wenn die tot sind!
Ihr könnt bis dahin kaufen, ordnen, putzen, räumen
und ein Verzeichnis eurer Sammlungen erstell'n.
Gleichzeitig von ´nem Treffen in ferner Zukunft träumen.

Eure Freunde sollen noch ein bisschen warten.
Ihr müsst ja erst noch bauen, renovieren
und alle Pläne überdenken.
Auch alte Zeitschriften sortieren.
Wenn das geschafft ist, seid ihr besuchsbereit.
Dann fahrt zu euren toten Freunden!
Hoffentlich haben die dann für euch Zeit!

Regen im „Städtchen“
(Ci.)

Die Palmenblätter nehmen
ein wildbewegtes Bad
im Regenwind.

Zu ihren Spitzen streben
die Wassertropfen, leuchtend matt
im dunstigen Licht.

Das Weiß der alten Mühle
verschmilzt fast mit der Luft,
die Schleier wirft.

In Gassen rennen Bäche,
und Pflastersteine brüsten sich
im Spiegelglanz.

Man

Orange ist kaum noch zu sehen.
Ein Shop sagt nichts mehr aus.
Wer trinkt noch Latte Macchiato?

Man trägt Lila.
Man sitzt in der Lounge.
Man isst Sushi.
Man führt Huskie.

Im Ungewissen

Der Grat ist schmaler geworden.
Steil verlaufen die Abhänge
auf beiden Seiten,
manchmal senkrecht.
Immer schwieriger erscheint
das Abschätzen der Weglängen.
Welche Uhren taugen
zum Messen der Zeit?
Entscheidungen über die Richtung
treffen wir zwischen Nebel
und hereinbrechender Dunkelheit.

Landtier

Ich werde mich nie dran gewöhnen,
dass ich kein Vogel bin,
wenn manchmal - mit Donnern und Dröhnen -
ich flieg zwischen Wolken dahin.

Ich werde mich nie darein finden,
dass ich nicht zu den Fischen gehöre,
wenn über Meeresgründen
ich endloses Wasser quere.

Nur der Erdboden ist mir
so durch und durch vertraut.
Ich bin und bleibe ein Landtier,
als Solches wurd ich gebaut.

Gedanken auf dem Weihnachtsmarkt

Fraglich ist es, ob sie richtig sprechen können,
ob sie denken können
und auch diskutieren.
Fraglich ist es, ob sie Bücher lesen,
ob sie wählen gehen
und sich in der Zeitung informieren.

Sehr wahrscheinlich lesen sie die Heftchen,
tratschen über alle Menschen
und könn´ sich tagelang auf Einkaufstouren amüsieren.
Sehr wahrscheinlich kleiden sie sich nach der Mode,
richten sich nach aktuellen Trends
und möchten ständig imponieren.

Ich wette, dass sie jeden „Star" anhimmeln,
jedem Dummkopf glauben
und jedem Schwätzer applaudieren.

Jetzt sieht man sie auf dem Christmarkt flanieren.
Auf ihrem Kopf prangt ein Geweih
aus rotem Filz, verziert mit Glöckchen.
Sie gehen als Rentier spazieren.

Gedenke! Bedenke!

Du wandelst voll Ehrfurcht
auf uralten Straßen,
siehst dich im Geiste
in jener Zeit.

Betrachtest bewundernd
die Brücken, die Tempel
und die Theater
des Römischen Reichs.

Vor all diesen Wundern
der Technik und Kunst
stehst du versunken,
gedanken-gelähmt.

Denkst nicht an die römische
Selbstherrlichkeit,
an Habgier und Machtwahn
und Kriegslüsternheit.

Gedenk der Etrusker!
Gedenk der Illyrer!
Gedenke der Kelten!
Gedenke der zahlreichen
anderen Völker!

Beraubt und entrechtet!
Gequält und versklavt!
Ermordet! Und ihre
Kulturen vernichtet!

Es führten von Rom aus
die Wege des Terrors
in alle Länder.

Von jetzt an bedenk: Wenn
dein Fuß wieder römisches
Pflaster betritt –
trotz deiner Freude
und deiner Begeisterung:
Verachtung und Abscheu,
das wandle stets mit!

Im Abenddunkel

Im Abenddunkel der unbekannten Städte.
Fast jedes Haus spricht eine Fremdsprache,
trägt fremdartige Kleidung.
Der Dom reicht mir leise Flötentöne
durch seine dicken Mauern hindurch.
Schenkt mir Bilder:
weißer Dampf auf blauschwarzem Grund.
Legt seinen Atem in tanzenden Schatten
auf seine hellen Wände für mich.
Er lächelt mir schweigend, wissend zu:
Kennt mich von damals,
als ich mit singenden Augen
unter Bögen und auf Türmchen saß,
und meine Finger sich wiegten
in den steinernen Linien,
die gen Himmel flossen.
Laternenlichter legen Regenglanz auf Kopfsteinpflaster.
Hinter jeder Ecke ist es unbekannt,
doch als Kompass reicht Entdeckerfreude.
Der feuchte, kühle Wind ist ein ganz anderes Klima.
Zwingt nicht zum Rückzug, ist willkommen.
Dunkel und riesengroß steht jäh der Turm vor mir.
Versperrt mir nicht den Weg.
Erkennt mich jedes Mal,
denn überall passierte ich die Tore,
denen er als Wache diente.
Er rät zum Weitergehen,
verweist auf hinter ihm Liegendes.
Menschenleere wächst, wird hörbarer.
Die Eingeborenen sitzen warm und windstill,
da, wo Fenster vertraute, helle Flächen

in schwärzliche Umgebung setzen.
Verlockung liegt nicht dort,
nur in den nie gesehenen Gassen –
sie enden irgendwo im Unsichtbaren,
winken mir stumm, zu folgen.
Fassaden, halb im Nachtgewand,
sind Schönheiten voll Anmut.
Erlauben mir flüchtige Blicke.
Blinzeln mir zu.
Im Abenddunkel der unbekannten Städte.

Mensch und Natur

Meereswind

Meereswind schleicht sich hinein
weit ins Binnenland.
Bist du ihm schon begegnet?

Meereswind kommt langsam an
auch in deiner Stadt.
Blendet dich mit schönen Wolken.

Ich kenne ihn von Küstenbergen,
lehnte schräg mich in die Luft.
Friedlich spielte er mit mir.

Ich kenne ihn von großen Schiffen,
kam ihm nicht zu nah.
Es war ein starkes Kräftemessen.

Meereswind will heimisch werden
nun im Binnenland.
Blendet dich mit Sonnenlächeln.

Er will durch deine Straßen heulen.
Halte deine Sachen fest.
Geh im Seemannsgang.

Er wird dir keine Ruhe lassen,
wird dein Leben auf den Kopf stell´n.
Und du glaubst ihm nicht.

Revidierung eines lateinischen Spruches

Homo Homini Lupus.
Der Mensch ist dem Menschen ein Wolf,
sagte man einstens,
heißt´s heute noch manchmal.

Der Spruch war falsch,
denn man kannte zwar die Menschen,
aber die Wölfe noch nicht.
Dann lernte man die Menschen immer besser kennen,
und heute kennt man auch die Wölfe;
also ist der Spruch immer noch falsch.

Der Wolf war nie ein „Wolf“,
sondern nur ein Wolf, zum Glück.
Der Wolf ist weiterhin kein „Wolf“,
sondern nur ein Wolf, zum Glück.

Der Mensch war immer ein Mensch, zum Unglück.
Der Mensch ist weiterhin ein Mensch, zum Unglück.

Der Mensch ist dem Menschen ein Mensch.
Der Mensch ist allem Leben ein Mensch.
Homo homini homo.

Grünlinge und Haubenlerchen

In jener Straße, der vertrauten,
von der ich in die Welt aufbrach,
da wuchsen Rasen, Sträucher, große Bäume.
Das war normal und schön.
Ich dachte nicht darüber nach.

Und immer gab´s dort Grünlinge und Haubenlerchen.
Sie waren einfach da, in jedem Jahr.
Sie saßen auf den Hecken,
gingen auf den Wegen.
Ich sah sie mit Gefallen an,
doch nahm sie als Besonderheit nicht wahr.

Wenn ich jetzt durch die Straße gehe,
sind Rasen, Sträucher, Bäume noch immer da.
Ich freue mich daran.
Doch seh ich keine Grünlinge und keine Haubenlerchen.
Sie fehlen mir.
Wann sah ich sie das letzte Mal?
Sie sind schon lange nicht mehr da.

Genau wie ich gingen sie ihrer Wege
und hatten irgendwas zu tun.
Genau wie ich erfreuten sie sich
an der Sonne und am Grün.
Wir waren nah verwandt.
Ich bin nun ärmer ohne sie.
Ein Teil von meiner Freude flog mit ihnen fort.
Ein Teil von meinem Mensch – Sein ging dahin.
Mich führen alle Straßen
durch ein zerstörtes Land.

Erst dann

In den Stürmen
wirst du hören

In den Fluten
wirst du sehen

In den Gluten
wirst du fühlen

Was du nicht wissen willst

Jahreszeiten – Spruch

Erst machten wir den Winter tot.
Dann griffen wir den Frühling an.
Der Sommer wird schon lang´ bedroht.
Nun kommt der Herbst allmählich dran.

Meterlang

Zwischen Sitzecke und Schrank
dehnen sich die Meter,
Meter, Meter …. meterlang.
Hier sitzt doch die Drossel
im Busch und singt.
Hörst du sie nicht?
Ohren zu und zähl die Meter!

Zwischen Bett und Wandbehag
dehnen sich die Meter,
Meter, Meter …. meterlang.
Hier leben doch Falter
mit leuchtenden Farben.
Siehst du sie nicht?
Augen zu und zähl die Meter!

Zwischen Herd und Küchenbank
dehnen sich die Meter,
Meter, Meter …. meterlang.
Hier duften doch Maiglöckchen
im Schatten der Bäume.
Riechst du sie nicht?
Nase zu und zähl die Meter!

Am Stadtrand

Der Acker dehnt sich riesenweit.
Betrachtet gegen eine ferne Kuppe,
macht er am Horizont erst Halt.

Der Weg ist beinah heckenlos.
Wer soll ihn gehen
in heißen Sommern
ohne Schatten?
Wer soll hier wohnen
ohne Haus?

Die aufgescheuchten Vögel fliegen weg
und wissen nicht, wohin.
Die Ewigkeit liegt vor dem nächsten Busche.
Schon etwas unsichtbar,
im Irgendwo,
endet die kahle Wiese.

Der Traktorlärm fliegt ungebremst.
Es gibt nichts, was ihn hält.
Die Luft ist voller Dröhnen.

Am Wegrand wächst fast nur das Gras.
Der Blick flieht weg
und schweift im leeren Raume.
So wie hier Alles fliehen muss.
Hier kann nicht Heimat sein,
nicht Schutz, nicht Rast.

Der Wind rennt über Felder.
Nichts stellt sich ihm entgegen.
So wird er hemmungslos.

Vier Sendemasten zähle ich
in näherer Umgebung.
Sie überragen Alles.

In einem Frühling

In einem Frühling,
der so war, wie er immer war:
mit Blüten überall
und wärmer als der Februar.
Und doch: ein Frühling – ungewohnt.

Ich ging nach Irgendwo,
und irgendwelchen Dingen galt mein Tun.
Es war so wie in jedem Jahr:
Ich ging durch Grün und Bunt und lange Tage;
die Zeit war offen noch, gefüllt mit Möglichkeiten.
Ein Frühling eben, wie er immer war.
Und doch:
ringsum verräterische Helligkeit,
die grub sich ein in Alles;
auf meinem Kopf ein Brennen schon;
und meine Augen wurden vor der Sonne schmal.
Ich spürte eine Schnelligkeit
im Wachsen und im Sich- Entfalten,
im ganzen Dasein.
Ich spürte ein verborgenes Gejagt-Sein
und Kampf um´s Überleben.
Ich schritt inmitten dieses Kampfes.

Ich ging durch diesen Frühling:
durch lange Tage und durch Bunt und Grün.
Kein Frühling, wie er immer war.
Ein Gleißen über Allem, was da sichtbar war.
Und in der Luft ein Glühen.
Da schmerzte meine alte Wunde,
die ich in jenem Jahr empfing,

als ich durch jenen Frühling ging:
den ersten, der so sonderbar;
es hatte mich ein Stich durchdrungen,
so tief,
unendlich tief,
und meine hellen Augen sahen klar.

In einem Frühling,
einem neu geschaffenen.
Das Licht war blendend
und die Hitze fraß sich in die Haut.
Ringsum erwachendes und hoffnungsvolles Leben.
Ich sah Blütenblätter,
sie lagen viel zu früh im Gras.
Ich sah Farben,
sie wirkten seltsam blass.
Ich schritt inmitten dieses Kampfes.
Mit einer Wunde, unheilbar.
In einem Frühling,
der kein Frühling war.